Contenido

Introducción

La inteligencia artificial está revolucionando la forma en que interactuamos con la tecnología. Modelos como **ChatGPT, Gemini, Claude y Bard** han abierto un mundo de posibilidades en automatización, creación de contenido, programación y toma de decisiones. Sin embargo, para obtener el máximo rendimiento de estas herramientas, es esencial dominar el arte de la **ingeniería de prompts (Prompt Engineering).**

En términos simples, un **prompt** es la instrucción que le damos a la IA para que genere una respuesta. La calidad del resultado **depende directamente de cómo formulamos la instrucción.** Es como hablar con un asistente: cuanto más claro seas, mejor será la respuesta.

Este libro es una **guía práctica y completa** para enseñarte a estructurar, optimizar y perfeccionar prompts que generen respuestas más precisas, útiles y relevantes.

¿Qué encontrarás en este libro?

- ✓ **Fundamentos del Prompt Engineering**: Aprende qué es y por qué es crucial para interactuar con la IA.
- ✓ **Técnicas avanzadas**: Zero-shot, Few-shot, Chain-of-Thought y más estrategias para mejorar respuestas.
- ✓ **Aplicaciones prácticas**: Desde marketing y educación hasta programación y automatización de tareas.

✓ **Casos reales y ejemplos**: Prompts optimizados para negocios, finanzas, chatbots y generación de contenido.

✓ **Cómo monetizar el Prompt Engineering**: Gana dinero vendiendo prompts, creando cursos o automatizando procesos con IA.

✓ **El futuro de la IA y el rol del Prompt Engineer**: Descubre hacia dónde va la industria y cómo prepararte.

¿Para quién es este libro?

❖ Profesionales que buscan **automatizar tareas y aumentar su productividad** con IA.
❖ Creadores de contenido y escritores que quieren **optimizar su flujo de trabajo**.
❖ Empresarios y emprendedores que desean **integrar IA en sus negocios**.
❖ Desarrolladores y programadores que buscan **escribir mejores instrucciones para la IA**.
❖ Estudiantes y entusiastas que quieren **entender y aplicar la IA de manera efectiva**.

No necesitas conocimientos previos en programación o IA. Este libro está diseñado para **principiantes y expertos** que deseen mejorar sus interacciones con modelos de inteligencia artificial y aprovechar al máximo su potencial.

¿Qué puedes lograr con este conocimiento?

✓ Mejorar la calidad y precisión de las respuestas de la IA.

4

- ✓ Automatizar procesos y ahorrar tiempo en tu trabajo o negocio.
- ✓ Crear contenido de alto valor con IA en segundos.
- ✓ Construir chatbots y asistentes virtuales personalizados.
- ✓ Dominar una de las **habilidades más demandadas en el futuro digital**.

¡Hora de comenzar!

La inteligencia artificial ya está transformando industrias y la forma en que trabajamos. **Saber cómo interactuar con ella correctamente marcará la diferencia.**

Si quieres aprovechar al máximo las herramientas de IA, **este libro te dará el conocimiento y las estrategias necesarias para convertirte en un experto en Prompt Engineering.**

¡Comencemos este viaje juntos!

CAPÍTULO 1: FUNDAMENTOS DE LOS PROMPTS

Cómo hablar con la IA y obtener las mejores respuestas

1.1 ¿Qué es Prompt Engineering?

En términos simples, **Prompt Engineering** es el arte y la ciencia de crear instrucciones efectivas para obtener las mejores respuestas de un modelo de inteligencia artificial.

Imagina que estás en un restaurante y le pides al mesero:

"Dame algo de comer."

El mesero podría traerte cualquier cosa. Pero si dices:

"Quiero una hamburguesa con queso y papas fritas, sin mayonesa y con una bebida de limón."

Ahora es mucho más claro lo que quieres, y la probabilidad de que te sirvan lo correcto aumenta.

Así funciona con la IA. Cuanto mejor estructurado esté tu **prompt** (instrucción), mejores respuestas obtendrás.

1.2 ¿Cómo funciona una IA de Lenguaje?

Los modelos de inteligencia artificial como **ChatGPT** han sido entrenados con enormes cantidades de texto para comprender y generar respuestas. Pero **no leen la mente**, sino que predicen cuál es la mejor respuesta en función de las palabras que les das.

Puntos clave sobre cómo funcionan:

- ✓ **Contexto:** Mientras más detalles agregues, mejor será la respuesta.
- ✓ **Estructura:** Un prompt claro y ordenado mejora la precisión.
- ✓ **Ejemplos:** La IA aprende mejor si le muestras lo que esperas.

Ejemplo de un mal prompt:

"Escribe sobre tecnología." (Muy amplio, sin dirección clara.)

Ejemplo de un buen prompt:

"Escribe un artículo de 500 palabras sobre cómo la inteligencia artificial está revolucionando el marketing digital. Usa un lenguaje sencillo y proporciona tres ejemplos reales."

Ejemplo: El poder del contexto

Prompt 1: *"Escribe sobre Apple."* *(La IA podría hablar sobre la fruta o la empresa.)*

Prompt 2: *"Escribe sobre la historia de Apple Inc. y su impacto en la industria tecnológica."* *(Ahora la IA entiende que te refieres a la empresa.)*

Conclusión: Siempre agrega contexto para evitar respuestas ambiguas.

1.3 Tipos de Prompts

Existen diferentes formas de estructurar prompts según lo que necesites:

- **Prompt Directo (Básico)**
  Un enunciado simple que pide información.
  "Explica qué es la energía solar." **(Respuesta simple, útil para obtener información general.)**

- **Prompt con Formato Específico**
  Pide la respuesta en un formato determinado.
  "Escribe un resumen de 200 palabras sobre la energía solar en tres párrafos. Usa oraciones cortas y un lenguaje sencillo." **(Le das una estructura a la respuesta.)**

- **Prompt con Rol Asignado**
  La IA asume un papel específico.
  "Actúa como un profesor de física y explica la energía solar de forma sencilla para estudiantes de secundaria." **(La IA ajusta su tono y profundidad.)**

- **Prompt con Ejemplo**
  Se le muestra un ejemplo a la IA para mejorar la respuesta.
  "Aquí tienes un resumen de la energía eólica: [Le proporcionas un ejemplo]. Ahora, escribe uno similar sobre la energía solar." **(La IA aprende el estilo que deseas.)**

- **Prompt con Restricciones**
  Se le indica lo que debe evitar.
  "Explica la energía solar en menos de 200 palabras, sin usar términos técnicos difíciles." **(Se le da una condición a la respuesta.)**

1.4 Errores Comunes al Escribir Prompts

Prompt vago: *"Dame información sobre historia." (Es demasiado amplio, ¿qué parte de la historia?)*

Mejor: *" Escribe un resumen de 300 palabras sobre la Revolución Francesa, enfocándote en sus causas y consecuencias."*

Prompt demasiado largo o confuso:

"Quiero un artículo que hable sobre la inteligencia artificial, pero que también mencione cómo se usa en empresas y su impacto en el futuro, sin ser muy técnico, pero tampoco demasiado básico." (Demasiado confuso.)

Mejor:

"Escribe un artículo de 500 palabras sobre el impacto de la inteligencia artificial en las empresas. Divide el contenido en tres secciones: aplicaciones actuales, beneficios y desafíos futuros. Usa un lenguaje accesible." (Organizado y claro.)

1.5 Práctica: ¡Hora de Crear Tu Primer Prompt!

Aquí tienes un ejercicio simple:

Desafío: Escribe un prompt para pedirle a la IA que te explique cómo empezar un negocio online, asegurándote de que la respuesta sea clara, organizada y fácil de entender.

Ejemplo de un buen prompt:

"Escribe una guía paso a paso sobre cómo iniciar un negocio online. Incluye una introducción breve, los primeros pasos, estrategias de marketing digital y recomendaciones finales. Usa un tono amigable y motivador."

Conclusión

En este capítulo hemos aprendido:

- ✓ Qué es **Prompt Engineering** y por qué es importante.
- ✓ Cómo estructurar un **buen prompt** para obtener mejores respuestas.
- ✓ Errores comunes y cómo evitarlos.
- ✓ Diferentes **tipos de prompts** para mejorar la precisión de la IA.

En el próximo capítulo exploraremos técnicas avanzadas como **Few-shot** y **Chain-of-thought prompting** para mejorar aún más nuestras interacciones con la IA.

CAPÍTULO 2: TÉCNICAS AVANZADAS DE PROMPT ENGINEERING

Cómo optimizar tus prompts para obtener respuestas más precisas y útiles

2.1 Introducción a las Técnicas Avanzadas

En el capítulo anterior, aprendimos los fundamentos de **Prompt Engineering** y cómo escribir mejores instrucciones para la IA. Ahora, vamos a llevarlo al siguiente nivel con **técnicas avanzadas** que te permitirán obtener respuestas aún más precisas, detalladas y útiles.

2.2 Técnicas Avanzadas para Mejorar Prompts

- **Zero-shot Prompting (Sin Ejemplo)**
  Es cuando le pides a la IA que genere una respuesta sin darle ejemplos previos.

  Ejemplo:
  "Explica la Teoría de la Relatividad en términos simples."

  Cuando usarlo:
  Cuando la IA ya tiene suficiente conocimiento sobre el tema.

  Para preguntas generales o definiciones.

  Limitación:

Puede dar respuestas muy generales o imprecisas si el tema es complejo.

- **One-shot Prompting (Un Ejemplo)**
  Le das a la IA un solo ejemplo para que entienda el tipo de respuesta que deseas.

  Ejemplo:
  "Aquí tienes un resumen de un libro de autoayuda:

  'El libro Hábitos Atómicos explica cómo pequeños cambios en la vida diaria pueden generar grandes resultados a largo plazo. Se enfoca en la construcción de buenos hábitos y la eliminación de malos hábitos de forma progresiva.'

  Ahora, escribe un resumen similar sobre el libro El Poder del Ahora."

  Cuando usarlo:

  Cuando necesitas que la IA siga un formato o estructura específica.

- **Few-shot Prompting (Varios Ejemplos)**
  Se le dan múltiples ejemplos para que la IA entienda mejor el patrón de respuesta.

  Ejemplo:
  "Aquí tienes resúmenes de diferentes libros:

Los 7 hábitos de la gente altamente efectiva: Explica cómo desarrollar hábitos que aumenten la productividad y el liderazgo personal.

Padre Rico, Padre Pobre: Muestra la diferencia entre la mentalidad financiera de los ricos y los pobres, promoviendo la educación financiera. Ahora, escribe un resumen sobre el libro La Psicología del Dinero siguiendo el mismo estilo."

Cuando usarlo:

Cuando quieres asegurarte de que la IA siga un formato exacto.

Para tareas que requieren coherencia en múltiples respuestas.

Limitación:

Puede consumir más recursos de la IA.

- **Chain-of-Thought Prompting (Razonamiento Paso a Paso)**
  Se usa para resolver problemas complejos o preguntas que requieren lógica.

Ejemplo:

"Un tren viaja a 80 km/h y otro tren viaja en dirección contraria a 60 km/h. Si están a 280 km de distancia, ¿cuánto tiempo tardarán en encontrarse? Responde explicando paso a paso tu razonamiento."

Cuando usarlo:

Para problemas matemáticos, razonamiento lógico y análisis detallado.

Ventaja:

Aumenta la precisión de la respuesta en problemas complejos.

- **Persona-based Prompting (Asignar una Personalidad)**
  Hace que la IA asuma un rol específico.

Ejemplo:

"Actúa como un experto en inversiones y explica cómo diversificar una cartera de inversión de $10,000 en criptomonedas."

Cuando usarlo:

Para respuestas más especializadas.

Cuando deseas un tono específico (formal, técnico, humorístico, etc.).

Consejo:

Especificar bien el rol para evitar respuestas genéricas.

- **Meta-prompting (La IA Genera sus Propios Prompts)**

  Le pides a la IA que cree su propio prompt antes de responder.

Ejemplo:

"Antes de responder, crea un prompt que te ayude a dar la mejor respuesta posible. Luego, usa ese prompt para generar la respuesta."

Cuando usarlo:

Cuando quieres optimizar la calidad de la respuesta.

Para descubrir nuevas formas de estructurar prompts.

Limitación:

Puede generar respuestas más largas de lo necesario.

2.3 Combinando Técnicas para Prompts Avanzados

Puedes combinar varias de estas técnicas para obtener mejores resultados.

Ejemplo:

"Eres un profesor de historia (Persona-based Prompting). Explica la Segunda Guerra Mundial en tres partes: causas, desarrollo y consecuencias (Few-shot Prompting). Explica cada sección paso a paso (Chain-of-Thought Prompting)."

Resultado:

- Una respuesta más estructurada y detallada.

2.4 Práctica: Optimiza tu Prompt con Técnicas Avanzadas

Ejercicio:

Escribe un prompt que use al menos **dos técnicas avanzadas** para pedirle a la IA que explique cómo aprender un nuevo idioma de forma efectiva.

Ejemplo de respuesta óptima:

"Eres un experto en aprendizaje de idiomas (Persona-based Prompting). Explica cómo aprender un idioma en 6 meses, usando ejemplos reales de personas que han logrado este objetivo (Few-shot Prompting)."

Consejo: Prueba diferentes combinaciones de técnicas y compara los resultados.

Conclusión del Capítulo

- ✓ Aprendimos técnicas avanzadas como **Few-shot, Chain-of-Thought y Persona-based Prompting**.
- ✓ Vimos cómo estas técnicas pueden **mejorar la precisión y calidad de las respuestas** de la IA.
- ✓ Combinamos varias estrategias para crear **prompts poderosos y efectivos**.

En el próximo capítulo veremos cómo aplicar estas técnicas en diferentes industrias y casos reales.

CAPÍTULO 3: APLICACIONES PRÁCTICAS DE PROMPT ENGINEERING

Cómo usar prompts para potenciar negocios, educación, marketing y más

3.1 Introducción

Ahora que conocemos las técnicas avanzadas de **Prompt Engineering,** es momento de ver **cómo aplicarlas en diferentes industrias y casos prácticos.**

¿Para qué sirve Prompt Engineering en la vida real?

- Redacción de contenido automatizado
- Optimización de estrategias de marketing
- Programación y generación de código
- Asistencia en educación y aprendizaje
- Automatización de servicio al cliente
- Generación de imágenes con IA

3.2 Aplicaciones en Creación de Contenido y Blogging

Si tienes un blog o creas contenido digital, los prompts pueden ayudarte a generar ideas, estructurar artículos y optimizar SEO.

Ejemplo 1: Generación de Ideas de Contenido

"Dame 10 ideas de artículos para un blog de tecnología que estén optimizadas para SEO y sean tendencia en 2024."

Ejemplo 2: Creación de un Artículo Completo

"Escribe un artículo de 1000 palabras sobre 'Cómo la Inteligencia Artificial está revolucionando la educación'. Organiza el texto en introducción, desarrollo y conclusión. Usa un lenguaje claro y accesible."

Ejemplo 3: Optimización SEO para Blogs

"Escribe una meta descripción optimizada para SEO para un artículo sobre 'Las mejores estrategias de marketing digital en 2024'. Máximo 160 caracteres."

Beneficio: Ahorra tiempo en redacción y mejora la calidad del contenido.

3.3 Aplicaciones en Marketing Digital y Redes Sociales

El **Prompt Engineering** puede ayudar a **crear contenido atractivo y automatizar publicaciones.**

Ejemplo 1: Generación de Posts para Redes Sociales

"Crea 3 tweets llamativos para promocionar un curso de Inteligencia Artificial. Usa un tono dinámico y persuasivo."

Ejemplo 2: Creación de Anuncios Publicitarios

"Escribe un anuncio para Facebook de 50 palabras promocionando un software de gestión de proyectos para empresas pequeñas."

Ejemplo 3: Automatización de Atención al Cliente

"Diseña una respuesta automática para un chatbot de soporte técnico que atienda preguntas sobre cómo restablecer la contraseña de un usuario."

Beneficio: Aumenta la eficiencia en la creación de campañas y mejora la interacción con la audiencia.

3.4 Aplicaciones en Educación y Aprendizaje

Los prompts pueden ayudar a **profesores, estudiantes y creadores de cursos** a generar contenido educativo.

Ejemplo 1: Generación de Material Didáctico

"Eres un profesor de matemáticas. Crea 5 problemas de álgebra para nivel secundario con sus respectivas soluciones."

Ejemplo 2: Resúmenes de Información

"Resume el libro 'Sapiens: De animales a dioses' en 500 palabras, destacando las ideas principales."

Ejemplo 3: Simulación de Exámenes

"Genera 10 preguntas de opción múltiple sobre historia mundial con 4 opciones de respuesta cada una."

Beneficio: Permite a los docentes y estudiantes acceder a información rápida y bien estructurada.

3.5 Aplicaciones en Programación y Desarrollo de Software

Los prompts pueden ayudar a **escribir, optimizar y depurar código** en múltiples lenguajes de programación.

Ejemplo 1: Generación de Código

"Escribe un script en Python que calcule la suma de los primeros 100 números primos."

Ejemplo 2: Explicación de Código

"Explica paso a paso cómo funciona este código en JavaScript: [fragmento de código]."

Ejemplo 3: Optimización de Código

"Optimiza este código en Python para que sea más eficiente en términos de velocidad de ejecución."

Beneficio: Ahorra tiempo en desarrollo y facilita la enseñanza de programación.

3.6 Aplicaciones en Finanzas e Inversiones

Si trabajas con **trading, inversiones o planificación financiera**, los prompts pueden ser una gran herramienta.

Ejemplo 1: Análisis de Mercado

"Analiza las tendencias del mercado de criptomonedas en 2024 y dame un pronóstico basado en datos recientes."

Ejemplo 2: Planificación Financiera

"Crea un plan de ahorro mensual para una persona con un sueldo de $2000, considerando gastos esenciales, inversión y ahorro."

Ejemplo 3: Estrategias de Inversión

"Compara las ventajas y desventajas de invertir en bienes raíces vs. invertir en acciones tecnológicas."

Beneficio: Facilita el acceso a análisis financieros sin necesidad de conocimientos avanzados.

3.7 Aplicaciones en Generación de Imágenes con IA

Los modelos de IA como **DALL·E, Midjourney y Stable Diffusion** pueden generar imágenes a partir de texto.

Ejemplo 1: Crear Ilustraciones Personalizadas

"Genera una imagen de un astronauta en un planeta de colores neón con un fondo galáctico."

Ejemplo 2: Diseñar Portadas de Libros

"Crea una portada para un libro de ciencia ficción titulado 'El futuro es hoy', con una estética cyberpunk."

Ejemplo 3: Generar Concept Art para Videojuegos

"Diseña un personaje de videojuego estilo medieval con armadura dorada y una espada mágica."

Beneficio: Automatiza la generación de contenido visual sin necesidad de contratar diseñadores gráficos.

3.8 Automatización con Prompts en IA Empresarial

Las empresas pueden usar prompts para **automatizar tareas repetitivas**.

Ejemplo 1: Respuesta Automática para Soporte Técnico

"Crea un mensaje automático para responder consultas sobre problemas de conexión a internet en un proveedor de telecomunicaciones."

Ejemplo 2: Análisis de Datos Empresariales

"Resume los puntos clave de este informe financiero de 20 páginas en un párrafo de 200 palabras."

Ejemplo 3: Optimización de Procesos

"Escribe un procedimiento detallado para contratar nuevos empleados en una empresa de tecnología."

Beneficio: Ahorra tiempo en atención al cliente, análisis de datos y documentación interna.

3.9 Práctica: Aplica Prompt Engineering en Tu Industria

Ejercicio:

Piensa en una industria o área de trabajo que te interese y escribe **tres prompts avanzados** que podrían mejorar la eficiencia en ese sector.

Ejemplo de respuesta:

Industria: Educación

- *"Genera un plan de estudio de 8 semanas para aprender inglés desde cero."*

- *"Crea 5 ejercicios de comprensión lectora para niños de primaria."*

- *"Explica las reglas gramaticales del tiempo pasado en inglés con ejemplos fáciles."*

Conclusión del Capítulo

Vimos **casos reales** de cómo usar prompts en diferentes industrias.

Aprendimos cómo optimizar la **creación de contenido, marketing, educación, finanzas, programación y más**.

Aplicamos **ejercicios prácticos** para mejorar nuestras habilidades en **Prompt Engineering**.

En el próximo capítulo exploraremos cómo crear prompts que se adapten a las necesidades específicas de cada usuario.

CAPÍTULO 4: PERSONALIZACIÓN Y AJUSTE DE PROMPTS

Cómo adaptar los prompts a diferentes necesidades y mejorar su precisión

4.1 Introducción

No todos los usuarios necesitan la misma información de la IA. **Un mismo prompt puede generar respuestas muy diferentes si lo ajustamos bien**. En este capítulo aprenderemos a personalizar y optimizar los prompts según:

- ✓ El nivel de conocimiento del usuario
- ✓ El tono y estilo de la respuesta
- ✓ La estructura y formato de la información

Objetivo: Aprender a modificar los prompts para obtener respuestas más precisas y útiles en distintos contextos.

4.2 Adaptar Prompts Según el Nivel del Usuario

Cada persona tiene un nivel de conocimiento distinto sobre un tema. La IA puede ajustar su respuesta dependiendo de cómo formulamos el prompt.

Ejemplo 1: Explicar Bitcoin para distintos niveles

Para niños

"Explícame qué es Bitcoin como si tuviera 10 años."
Respuesta: *Bitcoin es como una moneda digital que puedes usar en internet, pero en lugar de estar en un banco, está guardada en computadoras por todo el mundo.*

Para principiantes

"Explica qué es Bitcoin en términos sencillos para alguien que nunca ha invertido en criptomonedas."

Respuesta: *Bitcoin es una moneda digital que no depende de bancos y permite transferencias seguras en internet usando tecnología blockchain.*

Para expertos

"Describe el impacto de Bitcoin en la descentralización financiera y su relación con la economía global."

Respuesta: *(Análisis profundo sobre descentralización, regulación y adopción de criptomonedas).*

Conclusión: La clave está en especificar el nivel de conocimiento del usuario en el prompt.

4.3 Personalizar el Tono y Estilo de la Respuesta

Podemos ajustar el tono del contenido para hacerlo más formal, amigable, técnico o incluso humorístico.

Ejemplo 2: Explicar la importancia del ejercicio en diferentes estilos

Tono Formal

"Explica la importancia del ejercicio en un tono académico y técnico."

Respuesta: *El ejercicio es un pilar fundamental en la salud pública, ya que reduce la incidencia de enfermedades cardiovasculares y mejora la calidad de vida a nivel sistémico.*

Tono Amigable

"Explícame la importancia del ejercicio como si estuvieras hablando con un amigo."
Respuesta: *Moverse es clave para estar saludable. Si te ejercitas regularmente, tendrás más energía y menos estrés. ¡Además, te sentirás increíble!*

Tono Humorístico

"Explica por qué hacer ejercicio es importante, pero con un toque de humor."
Respuesta: *Hacer ejercicio es como cargar tu celular, pero para tu cuerpo. Si no te mueves, te quedarás sin batería y sentirás que necesitas una actualización urgente.*

Conclusión: Un **buen prompt** debe incluir el **tono** en el que deseas recibir la respuesta.

4.4 Ajustar el Formato y la Estructura de la Respuesta

Podemos pedir que la IA organice la información de una forma específica:

Ejemplo 3: Diferentes formatos de respuesta

Formato de lista

"Explica cómo mejorar la productividad en el trabajo en una lista de 5 puntos."

Respuesta:

- Organiza tu día con una lista de tareas.
- Evita distracciones digitales.
- Usa la técnica Pomodoro para enfocarte.
- Prioriza tareas importantes.
- Tómate descansos para recargar energía.

Formato de tabla

"Resume las diferencias entre inteligencia artificial y machine learning en una tabla."

Respuesta:

Característica	Inteligencia Artificial	Machine Learning
Definición	Simulación de inteligencia humana en máquinas.	Subconjunto de la IA que permite a las máquinas aprender de datos.
Aplicaciones	Chatbots, automatización.	Reconocimiento de imágenes, predicción de datos.
Dependencia de Datos	No siempre.	Sí, requiere grandes volúmenes de datos.

Formato de texto breve

"Dame una explicación de productividad en menos de 20 palabras."

Respuesta: *Ser productivo significa lograr más en menos tiempo, enfocándose en lo importante y eliminando distracciones.*

Conclusión: Pedir un **formato específico** mejora la organización y utilidad de la respuesta.

4.5 Refinar y Mejorar Respuestas con Iteraciones

A veces, la primera respuesta de la IA no es perfecta. Podemos mejorarla pidiendo ajustes.

Ejemplo 4: Iteración de Respuestas

Primer prompt:

"Escribe un artículo sobre inteligencia artificial."

Respuesta: *(Artículo genérico, sin profundidad en temas clave.)*

Ajuste:

"Añade un caso de uso real y menciona los desafíos éticos de la   IA."
Respuesta: *(La IA ahora incluye ejemplos concretos y más profundidad en ética.)*

Ajuste Final:

"Hazlo más persuasivo y con un tono motivador."

Respuesta: *(Se transforma en un artículo más atractivo y persuasivo.)*

Conclusión: Siempre podemos hacer ajustes para mejorar la precisión y relevancia de la respuesta.

4.6 Práctica: Personaliza tu Prompt

Ejercicio:

- Escribe un prompt sobre **cómo empezar un negocio online**.
- Luego, ajusta el tono (**formal, amigable o humorístico**).
- Finalmente, cambia el formato a una **lista de pasos**.

Ejemplo de respuesta optimizada:

"Explica cómo empezar un negocio online en un tono amigable y en una lista de 7 pasos."

Resultado esperado:

- Encuentra una idea de negocio rentable.
- Investiga a tu competencia.
- 4Define tu audiencia objetivo.
- Crea una tienda online o página web.
- Desarrolla una estrategia de marketing digital.
- Ofrece un excelente servicio al cliente.
- Escala tu negocio y diversifica ingresos.

Conclusión del Capítulo

Aprendimos a **personalizar prompts** según el nivel de usuario.

Ajustamos el **tono y estilo** para obtener respuestas más naturales.

Refinamos el **formato** para hacer la información más clara.

Practicamos cómo **iterar y mejorar respuestas** para mayor precisión.

En el próximo capítulo exploraremos cómo integrar Prompt Engineering en automatización, chatbots y APIs.

CAPÍTULO 5: INTEGRACIÓN DE PROMPT ENGINEERING EN AUTOMATIZACIÓN Y CHATBOTS

Cómo usar IA para automatizar tareas, mejorar atención al cliente y optimizar procesos

5.1 Introducción

El **Prompt Engineering** no solo sirve para mejorar interacciones personales con IA, sino que también puede integrarse en **sistemas automatizados, chatbots y APIs** para:

- ✓ **Automatizar atención al cliente**
- ✓ **Optimizar flujos de trabajo en empresas**
- ✓ **Conectar IA con otras aplicaciones**

 Objetivo: Aprender a diseñar prompts para chatbots, automatizar tareas y conectar la IA con herramientas externas.

5.2 Cómo Funciona la Integración de IA en Automatización

Los modelos de IA como **ChatGPT, GPT-4 y asistentes virtuales** pueden integrarse con software de automatización mediante:

Chatbots: Responden automáticamente preguntas frecuentes en sitios web o redes sociales.

APIs de IA: Permiten conectar la IA con aplicaciones externas.

Herramientas de Automatización (Zapier, Make, Power Automate):

Ejecutan tareas sin intervención humana.

Ejemplo: Un chatbot de atención al cliente puede responder preguntas sobre productos, generar tickets de soporte y hasta recomendar productos según las necesidades del usuario.

5.3 Creación de Prompts para Chatbots

Para que un chatbot funcione correctamente, debe tener **prompts bien estructurados**.

Ejemplo 1: Chatbot de Atención al Cliente

Prompt Base:

"Responde preguntas frecuentes sobre nuestros productos. Usa un tono profesional y claro. Si el usuario pregunta algo fuera de este tema, sugiere contactar a soporte."

Variaciones para Mejorar el Chatbot:

- **Estilo Formal:** *"Nuestro producto tiene una garantía de 2 años. Para más información, visite nuestra web."*

- **Estilo Conversacional:** *"¡Hola! Sí, todos nuestros productos tienen garantía de 2 años. ¿Necesitas más detalles?"*

Ejemplo 2: Chatbot para Reservas de Citas

Prompt:

"Eres un asistente virtual para reservas. Pregunta al usuario qué día y hora desea agendar su cita. Si no hay disponibilidad, sugiere opciones."

Resultado esperado:

"Hola, ¿para qué fecha te gustaría reservar? Tenemos disponibilidad el lunes y miércoles a las 10:00 a.m. y 3:00 p.m."

Ejemplo 3: Chatbot de Recomendación de Productos

Prompt:

"Eres un asistente de compras. Haz preguntas al usuario para entender sus necesidades y recomiéndale el mejor producto basado en sus respuestas."

Ejemplo de Interacción:

Cliente: *"Busco unos audífonos con buena cancelación de ruido."*

Chatbot: *"Te recomiendo los Sony WH-1000XM4. Tienen excelente cancelación de ruido y gran calidad de sonido. ¿Quieres más opciones?"*

Conclusión: Un **buen prompt** hace que el chatbot entienda mejor al usuario y ofrezca respuestas más relevantes.

5.4 Integración con APIs de IA

Muchas empresas integran IA en sus sistemas mediante **APIs** como la de **OpenAI (GPT-4), Google Bard, Microsoft Azure AI**, entre otras.

Ejemplo de Uso:
- ✓ **Automatizar respuestas en un CRM**
- ✓ **Crear asistentes virtuales personalizados**
- ✓ **Analizar y resumir grandes volúmenes de texto**

Ejemplo 4: Uso de la API de OpenAI en un Sistema de Soporte
Prompt Base:

"Responde a consultas sobre nuestros productos de software. Si el usuario tiene un problema técnico, proporciónale una solución paso a paso."

Resultado esperado:

Cliente: *"Mi software se congela al abrirlo. ¿Qué hago?"*

Asistente: *"Prueba cerrarlo y reiniciar tu computadora. Si el problema persiste, reinstala el software desde nuestra web oficial."*

5.5 Automatización de Flujos de Trabajo con IA

Las empresas pueden usar IA con **herramientas de automatización** para optimizar procesos y ahorrar tiempo.

Ejemplo de herramientas:

- ✓ **Zapier:** Conecta IA con Gmail, Slack, Notion, etc.
- ✓ **Make (antes Integromat):** Automatiza flujos complejos con IA.

Power Automate (Microsoft): Conecta IA con Office 365 y otros servicios empresariales.

Ejemplo 5: Automatización de Correos con IA

Prompt Base:

"Genera una respuesta profesional y amigable para un cliente que pregunta sobre precios y descuentos en nuestros productos."

Resultado esperado:

"Hola [Nombre], gracias por tu interés en nuestros productos. Actualmente tenemos un 15% de descuento en compras mayores a $100. ¿Te gustaría que te enviemos más detalles?"

Conclusión: La IA puede automatizar **emails, informes y tareas administrativas**, reduciendo carga de trabajo.

5.6 Práctica: Diseña un Prompt para Automatización

Ejercicio:

- **Escoge un área**: Chatbots, emails, generación de respuestas automáticas.
- **Escribe un prompt** para que la IA optimice esa tarea.
- **Ajusta el tono y formato** según el contexto.

Ejemplo de respuesta:

"Eres un chatbot de servicio al cliente. Responde preguntas sobre envíos y devoluciones en menos de 3 líneas, con un tono amable y claro."

Resultado esperado:

"¡Hola! Los envíos demoran entre 3 y 5 días hábiles. Para devoluciones, tienes hasta 30 días. ¿Necesitas más ayuda?"

Conclusión del Capítulo

- ✓ Aprendimos cómo **integrar IA en chatbots y automatización**.
- ✓ Diseñamos **prompts efectivos para asistentes virtuales**.
- ✓ Exploramos cómo conectar IA con **APIs y herramientas de automatización**.
- ✓ Aplicamos **ejercicios prácticos** para mejorar nuestras habilidades.

En el próximo capítulo exploraremos cómo evaluar y mejorar la calidad de las respuestas generadas por IA.

CAPÍTULO 6: EVALUACIÓN Y OPTIMIZACIÓN DE RESPUESTAS GENERADAS POR IA

Cómo medir la calidad de las respuestas y mejorar los prompts para obtener mejores resultados

6.1 Introducción

Incluso con buenos prompts, las respuestas de la IA pueden ser **imprecisas, demasiado generales o no del todo útiles**. En este capítulo aprenderemos a:

- ✓ **Evaluar la calidad de una respuesta generada por IA**
- ✓ **Detectar errores y sesgos en la información**
- ✓ **Mejorar la precisión con iteraciones y ajustes**

Objetivo: Desarrollar estrategias para analizar y mejorar la calidad de las respuestas de IA mediante técnicas de optimización de prompts.

6.2 Cómo Evaluar la Calidad de una Respuesta

Para saber si una respuesta es útil, debemos analizar los siguientes aspectos:

Criterio	¿Qué evaluar?	Ejemplo de error
Relevancia	¿La respuesta es sobre el tema solicitado?	Se pide información sobre IA y la respuesta habla de blockchain.
Precisión	¿La respuesta es correcta y basada en hechos?	Datos incorrectos o desactualizados.
Claridad	¿Es fácil de entender y bien estructurada?	Uso excesivo de tecnicismos sin explicación.
Profundidad	¿Responde con suficiente detalle?	Respuesta superficial sin ejemplos ni explicaciones.
Coherencia	¿La respuesta tiene sentido lógico?	Contradicciones dentro del mismo texto.

Ejemplo de evaluación:

Prompt: *"Explica cómo funciona el machine learning en términos sencillos."*

Respuesta deficiente:

"Machine learning es una tecnología utilizada en computadoras para hacer predicciones." *(Demasiado general, no explica cómo funciona.)*

Respuesta optimizada:

"Machine learning es un tipo de inteligencia artificial que permite a las computadoras aprender a partir de datos. Funciona entrenando modelos con ejemplos, para que luego puedan hacer predicciones o clasificar información de manera automática."

Conclusión: Evaluar respuestas permite mejorar los prompts para obtener información más clara y precisa.

6.3 Técnicas para Mejorar la Calidad de las Respuestas

Reformulación del Prompt

Si la respuesta no es la esperada, prueba hacer el prompt más **específico** o **estructurado**.

Ejemplo:

"Dime sobre Marte." *(Demasiado amplio, la IA puede responder con datos aleatorios.)*

"Describe la atmósfera y geología de Marte en 300 palabras." (Más claro y detallado.)

Solicitar Formato Específico

Si la IA responde con un párrafo desordenado, pide una estructura clara.

Ejemplo:

"Resume la Segunda Guerra Mundial en 3 secciones: causas, desarrollo y consecuencias."

Añadir Ejemplos

Cuando la IA da respuestas abstractas, pide que incluya ejemplos.

Ejemplo:

"Explica la computación cuántica con un ejemplo real y una analogía fácil de entender."

Conclusión: Un **buen prompt** mejora la precisión de la IA y evita respuestas vagas o erróneas.

6.4 Cómo Corregir Respuestas Inexactas o Sesgadas

A veces, la IA puede generar información incorrecta o influenciada por sesgos en los datos.

Ejemplo de respuesta incorrecta:

Pregunta: *"¿Cuántos continentes hay?"*

Respuesta de IA: *"Hay seis continentes en el mundo."* *(Depende del modelo geográfico, en muchos países se consideran 7.)*

Cómo corregirlo:

"Explica cuántos continentes hay según distintos modelos geográficos y menciona cuál es el más aceptado."

Consejo: Siempre verifica los datos con fuentes confiables.

6.5 Uso de Iteraciones para Mejorar Prompts

No siempre el primer prompt genera la mejor respuesta. Podemos hacer iteraciones para ajustarlo.

Ejemplo:

Prompt inicial:

"Explica cómo funciona una red neuronal." (Respuesta técnica   difícil   de   entender.)

Mejor prompt:

"Explica cómo funciona una red neuronal con un ejemplo práctico y sin términos técnicos difíciles."

Ajuste final:

"Explica cómo funciona una red neuronal en inteligencia artificial con un ejemplo de la vida real y usando analogías."

📌 **Resultado:** Ahora la respuesta es más accesible para cualquier persona.

6.6 Práctica: Evalúa y Mejora un Prompt

📝 Ejercicio:

- Escribe un prompt para obtener información sobre un tema complejo.
- Evalúa la respuesta según los criterios de relevancia, claridad y precisión.
- Ajusta el prompt para mejorar la respuesta.

Ejemplo de optimización:

"Explica el impacto de la inteligencia artificial en la medicina en menos de 300 palabras y con 2 ejemplos reales."

Consejo: Prueba **diferentes variaciones de un mismo prompt** y compara los resultados.

Conclusión del Capítulo

- ✓ Aprendimos a **evaluar la calidad de una respuesta** según claridad, precisión y relevancia.
- ✓ Descubrimos técnicas para **mejorar prompts** y hacer que la IA dé mejores respuestas.
- ✓ Practicamos cómo **corregir sesgos e información incorrecta**.
- ✓ Aplicamos la estrategia de **iteraciones para optimizar resultados**.

🔊 **En el próximo capítulo exploraremos cómo monetizar el Prompt Engineering en negocios y emprendimientos digitales.** 🚀

CAPÍTULO 7: MONETIZACIÓN DEL PROMPT ENGINEERING

Cómo ganar dinero creando y optimizando prompts para IA

7.1 Introducción

El **Prompt Engineering** ha dejado de ser solo una habilidad técnica y se ha convertido en una **oportunidad de negocio**. Empresas, creadores de contenido y profesionales buscan expertos en prompts para mejorar la interacción con IA.

¿Cómo se puede ganar dinero con Prompt Engineering?

- ✓ **Creando y vendiendo prompts optimizados**
- ✓ **Ofreciendo consultoría en IA**
- ✓ **Automatizando tareas con IA para empresas**
- ✓ **Diseñando chatbots y asistentes virtuales** ⬜⬜
- ✓ **Enseñando Prompt Engineering en cursos online**

Objetivo: Explorar diferentes estrategias para **monetizar el Prompt Engineering y convertirlo en un negocio rentable.**

7.2 Venta de Prompts en Marketplaces

Actualmente existen plataformas donde se pueden vender **prompts optimizados** para distintas aplicaciones.

Ejemplo de plataformas para vender prompts:

- ✓ **PromptBase** (promptbase.com)
- ✓ **Etsy** (Para vender paquetes de prompts como plantillas)
- ✓ **Gumroad** (Para ofrecer prompts en formato descargable)
- ✓ **Fiverr / Upwork** (Para vender servicios de optimización de prompts)

Ejemplo de un producto vendible:

"50 Prompts de Inteligencia Artificial para Creación de Contenido en Redes Sociales"

Precio estimado: $10 - $50 dependiendo del valor agregado.

Consejo: Crea paquetes de prompts especializados **(marketing, educación, finanzas, chatbots, etc.)** para atraer más clientes.

7.3 Consultoría en IA y Optimización de Prompts

Muchas empresas necesitan **expertos en IA** que les ayuden a mejorar sus sistemas conversacionales.

¿Qué servicios puedes ofrecer?

- ✓ **Optimización de chatbots y asistentes virtuales**
- ✓ **Automatización de flujos de trabajo con IA**
- ✓ **Mejoras en prompts para generación de contenido**
- ✓ **Integración de IA en procesos empresariales**

Ejemplo de propuesta de servicio:

"Optimización de Prompts para Chatbots de Atención al Cliente"

Descripción: Ajustamos y optimizamos las respuestas de tu chatbot para mejorar la experiencia del usuario.

Tarifa: $100 - $500 por proyecto dependiendo de la complejidad.

Consejo: Ofrece paquetes de servicios mensuales para clientes recurrentes.

7.4 Creación de Cursos y Capacitación en Prompt Engineering

El conocimiento en **Prompt Engineering** tiene **alta demanda**, y muchas personas quieren aprender cómo usarlo.

Opciones para crear cursos:

- ✓ **Plataformas como Udemy, Hotmart y Teachable**
- ✓ **Clases en YouTube (monetización por publicidad)**
- ✓ **Cursos privados en ERCO Academy o Patreon**

Ejemplo de un curso:

"Curso Completo de Prompt Engineering: De Principiante a Experto"
Contenido: Fundamentos, técnicas avanzadas, automatización y monetización.

Precio sugerido: $50 - $150 según el nivel del curso.

Consejo: Complementa los cursos con **ebooks y plantillas** para aumentar el valor percibido.

7.5 Creación de Herramientas Basadas en Prompts

Otra forma de monetizar es **desarrollar herramientas que utilicen IA**.

Ejemplos de herramientas monetizables:

- ✓ **Generadores de contenido automático (para blogs y redes sociales)**
- ✓ **Chatbots personalizados para empresas**
- ✓ **Asistentes de productividad con IA**

Ejemplo de negocio:

"Asistente Virtual para Redacción de Emails Profesionales"

Descripción: Plataforma que genera respuestas automáticas para correos corporativos.

Modelo de negocio: Suscripción mensual de $10 - $30.

Consejo: Puedes usar **APIs de OpenAI** para construir tu herramienta sin necesidad de programar desde cero.

7.6 Monetización con Afiliación y Marketing Digital

Si no quieres vender productos propios, puedes generar ingresos con **marketing de afiliación**.

Ejemplo de plataformas con programas de afiliados:

- ✓ **OpenAI API** (Ganas comisiones por referidos)
- ✓ **Cursos en Udemy y Hotmart**
- ✓ **Herramientas de IA como Jasper AI, Writesonic, Copy.ai**

Ejemplo de estrategia:

Escribir un blog sobre IA y recomendar herramientas con enlaces de afiliado.

Ingreso estimado: 10-30% de comisión por cada venta enerada.

Consejo: Crea contenido en YouTube o TikTok explicando cómo usar IA y agrega enlaces de afiliado.

7.7 Práctica: Diseña Tu Estrategia de Monetización

Ejercicio:

- **Escoge una forma de monetización** (venta de prompts, consultoría, cursos, etc.).
- **Define tu producto o servicio** (ejemplo: "Guía de 100 prompts para marketing digital").
- **Establece un precio y un canal de venta.**

Ejemplo de estrategia:

Modelo elegido: Venta de cursos.

Producto: Curso en Udemy sobre Prompt Engineering.

Precio: $99 con promociones de descuento a $49.

Canales de venta: Publicidad en YouTube y TikTok.

Consejo: No necesitas empezar con todo a la vez. Elige una estrategia y optimízala progresivamente.

Conclusión del Capítulo

Aprendimos cómo **ganar dinero con Prompt Engineering** vendiendo prompts, ofreciendo consultoría y creando cursos.

Descubrimos estrategias para **automatizar tareas y desarrollar herramientas con IA**.

- ✓ Exploramos modelos de negocio como **afiliación y marketing digital**.
- ✓ Aplicamos un **ejercicio práctico para diseñar una estrategia de monetización real**.

En el próximo capítulo exploraremos el futuro del Prompt Engineering y las tendencias en IA.

CAPÍTULO 8: EL FUTURO DEL PROMPT ENGINEERING

Tendencias en IA y cómo evolucionará la creación de prompts

8.1 Introducción

El **Prompt Engineering** ha evolucionado rápidamente y seguirá transformándose a medida que la inteligencia artificial avance.

¿Qué veremos en este capítulo?

- ✓ **Nuevas tendencias en IA y generación de contenido**
- ✓ **Cómo cambiará el Prompt Engineering con modelos más avanzados**
- ✓ **Habilidades necesarias para mantenerse competitivo**

Objetivo: Entender el futuro del **Prompt Engineering** y prepararse para los cambios en la industria.

8.2 Tendencias en IA y Automatización

Modelos de Lenguaje más Avanzados (GPT-5, Gemini, Claude, etc.)

Las próximas versiones de IA serán **más precisas, rápidas y capaces de entender contexto de manera más profunda.**

Impacto en Prompt Engineering:

- Los modelos requerirán **menos instrucciones** para generar respuestas óptimas.

- Se podrán procesar **archivos, imágenes, videos y audio** junto con texto.

Ejemplo:

"Resume este documento PDF y genera una presentación de PowerPoint con los puntos clave." (Integración IA + Automatización)

IA Multimodal: Combinación de Texto, Imágenes y Video

Los futuros modelos podrán analizar **texto, imágenes, audio y videos** al mismo tiempo.

Ejemplo de prompt multimodal:

"Describe lo que hay en esta imagen y genera una historia basada en ella." (IA analiza imagen + genera texto)

Impacto:

- Se podrá usar **Prompt Engineering para generación de imágenes, edición de video y síntesis de voz**.

- Herramientas como **DALL·E, Midjourney y Runway** seguirán mejorando.

IA con Mayor Capacidad de Razonamiento y Memoria.

Las futuras versiones de IA podrán recordar **conversaciones previas y aprender de la interacción con el usuario.**

Ejemplo:

"Recuerda nuestra conversación anterior sobre marketing y crea una estrategia personalizada basada en lo que discutimos."

Impacto en los prompts:

- Se necesitarán **menos repeticiones** en cada interacción.

- Los chatbots serán **más personalizados y eficientes**.

Generación de Código con IA Más Avanzada

Las IA podrán **programar de manera autónoma**, optimizar código y detectar errores en tiempo real.

Ejemplo:

"Revisa este código en Python, detecta errores y sugiere mejoras para hacerlo más eficiente."

Impacto:

- Los desarrolladores usarán IA **como copiloto en programación**.

- El Prompt Engineering incluirá **instrucciones más técnicas y avanzadas**.

8.3 ¿Seguirá siendo útil el Prompt Engineering en el futuro?

Algunas personas creen que **los prompts dejarán de ser necesarios** con modelos de IA más inteligentes. Sin embargo, **siempre será necesario saber cómo comunicarse con la IA para obtener el mejor resultado**.

Razones por las que el Prompt Engineering seguirá siendo relevante:

- ✓ **La IA no puede leer la mente:** Seguirá necesitando instrucciones claras.
- ✓ **Cada usuario tiene necesidades diferentes:** Los prompts seguirán personalizando respuestas.
- ✓ **Las empresas buscarán expertos en IA:** Quienes dominen Prompt Engineering tendrán ventaja en el mercado.

8.4 Habilidades Clave para el Futuro del Prompt Engineering

Para seguir siendo competitivo, será clave aprender:

Automatización con IA: Integrar prompts con herramientas como Zapier, Power Automate y APIs.

- ✓ **IA Multimodal:** Usar prompts que combinen texto, imágenes y videos.
- ✓ **Estrategias de optimización:** Crear prompts que sean más eficientes y adaptables.
- ✓ **Gestión de IA en empresas:** Saber cómo aplicar IA en negocios y automatización.

Consejo: Si dominas el **Prompt Engineering** y la integración con IA, tendrás **altas oportunidades en el futuro del trabajo digital**.

8.5 Práctica: Crea un Prompt Adaptado al Futuro

Ejercicio:

Imagina que estás en el año 2026 y las IA pueden procesar texto, imágenes, audio y video al mismo tiempo.

Diseña un **prompt avanzado** que aproveche estas capacidades.

Ejemplo de respuesta:

"Analiza este video de una conferencia de tecnología y genera un resumen de 500 palabras con los puntos clave. Luego, crea una imagen representativa con IA y sintetiza el audio en un podcast de 2 minutos."

Consejo: Piensa en **cómo los prompts evolucionarán con la tecnología** y cómo puedes adelantarte a estos cambios.

Conclusión del Capítulo

- ✓ Descubrimos **las tendencias futuras en IA y automatización**.
- ✓ Aprendimos cómo **cambiará el Prompt Engineering con modelos más avanzados**.
- ✓ Exploramos **habilidades clave para seguir siendo competitivos** en el mundo de la IA.
- ✓ Aplicamos un ejercicio práctico para **diseñar prompts del futuro**.

Cierre y Recomendaciones Finales

Ahora tienes el conocimiento para:

- ✓ **Crear prompts efectivos y optimizados.**
- ✓ **Aplicarlos en automatización, chatbots y negocios.**
- ✓ **Monetizar tus habilidades en IA.**
- ✓ **Prepararte para el futuro del Prompt Engineering.**

¿Cuál es el siguiente paso?

Empieza a aplicar lo aprendido en proyectos reales.

Sigue explorando nuevas herramientas y modelos de IA.

Comparte este conocimiento con otros y genera ingresos con IA.

CAPÍTULO 9: APLICACIÓN DEL PROMPT ENGINEERING EN ERCO

Cómo implementé IA y Prompt Engineering en mi empresa para optimizar procesos y generar nuevas oportunidades

9.1 Introducción

ERCO es una empresa especializada en **ingeniería portuaria, cimentaciones y gestión de proyectos de construcción**. Con el avance de la inteligencia artificial, decidí integrar **Prompt Engineering** en varias áreas de la empresa para mejorar la eficiencia, automatizar tareas y explorar nuevas oportunidades de negocio.

¿Qué veremos en este capítulo?

- ✓ Cómo utilicé IA para optimizar la creación de contenido y documentación técnica.
- ✓ Automatización de procesos en gestión de proyectos y atención al cliente.
- ✓ Aplicaciones en la gestión de calidad y seguridad en obra.

✓ Cómo Prompt Engineering ayudó en la capacitación y educación en ERCO Academy.
✓ Desarrollo de nuevos servicios y modelos de negocio con IA.

Objetivo: Mostrar cómo el **Prompt Engineering** no solo mejora la productividad, sino que puede ser un **diferenciador clave en la industria de la construcción e ingeniería**.

9.2 Uso de IA en Creación de Contenido Técnico y Educativo

Uno de los primeros usos de la IA en ERCO fue la **automatización de la generación de contenido técnico**. Antes, crear manuales, informes y publicaciones requería mucho tiempo. Con Prompt Engineering, pude **agilizar la redacción y mejorar la calidad de la documentación**.

Ejemplo de prompt utilizado:

"Genera un informe técnico de 5 páginas sobre el proceso de hincado de pilotes en puertos, incluyendo ventajas,

desventajas y recomendaciones basadas en normativa internacional."

Resultado:

Se generaron **documentos técnicos optimizados** que luego fueron revisados y ajustados por ingenieros expertos, reduciendo el tiempo de redacción en un **60%**.

Otras aplicaciones:

- ✓ Creación de artículos técnicos para el blog de ERCO.
- ✓ Desarrollo de contenido educativo para ERCO Academy.
- ✓ Generación de resúmenes y documentos para licitaciones de obra.

Impacto: Mayor eficiencia en la generación de conocimiento dentro de la empresa.

9.3 Automatización de Procesos en Gestión de Proyectos

En ERCO, la gestión de proyectos es fundamental. Implementé IA para **automatizar reportes, análisis de riesgos y seguimiento de cronogramas.**

Ejemplo de prompt utilizado:

"Genera un informe de avance semanal para un proyecto de cimentaciones profundas. Incluye hitos alcanzados, retrasos, análisis de costos y recomendaciones para optimización."

Resultado:

Reportes automatizados que antes tomaban varias horas, ahora se generan en minutos, mejorando la toma de decisiones.

Otras aplicaciones:

- ✓ Análisis de riesgos en proyectos con IA.
- ✓ Optimización de cronogramas y asignación de recursos.
- ✓ Generación de informes de seguridad y calidad en obra.

Impacto: Reducción del tiempo administrativo y mejora en la planificación estratégica.

9.4 Aplicaciones en Gestión de Calidad y Seguridad en Obra

En la construcción, el cumplimiento de normativas de **calidad y seguridad** es crucial. Con IA y Prompt Engineering, logré optimizar estos procesos.

Ejemplo 1: Generación de Checklists de Seguridad

Prompt utilizado:

"Genera una lista de verificación de seguridad para trabajos de hincado de pilotes en puertos, basada en normativas internacionales."

Resultado:

Se generó un checklist estructurado para uso en obra, reduciendo omisiones y mejorando el control de seguridad.

Ejemplo 2: Análisis de Reportes de Seguridad

Prompt utilizado:

"Analiza este reporte de seguridad de obra y resume los incidentes más relevantes junto con recomendaciones de prevención."

Resultado:

Identificación rápida de riesgos y generación de informes para la toma de decisiones.

Otras aplicaciones:

- ✓ **Generación automática de informes de calidad en obra.**
- ✓ **Creación de procedimientos estándar basados en normativa ISO.**
- ✓ **Automatización de reportes de incidentes y medidas correctivas.**

Impacto: Mayor eficiencia en seguridad y cumplimiento normativo sin aumentar la carga operativa del personal.

9.5 Atención al Cliente y Automatización con Chatbots

Uno de los desafíos en ERCO era manejar consultas frecuentes de clientes e interesados en nuestros servicios. Implementé un **chatbot con IA** optimizado con Prompt Engineering para **automatizar la atención al cliente y mejorar la conversión de leads**.

Ejemplo de prompt utilizado:

"Eres un asistente virtual de ERCO. Responde preguntas sobre nuestros servicios de cimentaciones y obra portuaria. Si el cliente necesita una cotización, solicita su correo y datos de contacto."

Resultado:

Un chatbot activo en la web y redes sociales que **reduce en un 40% la carga operativa del equipo de ventas**.

Otras aplicaciones:

- ✓ Chatbot para responder preguntas sobre capacitaciones en ERCO Academy.
- ✓ Automatización de respuestas en WhatsApp Business y redes sociales.
- ✓ Seguimiento de clientes potenciales con recordatorios automatizados.

Impacto: Mejor experiencia del cliente y mayor captación de proyectos.

9.6 Implementación de IA en ERCO Academy

ERCO Academy es nuestra iniciativa educativa enfocada en formación especializada para ingenieros y profesionales de la construcción. Decidí usar IA para **optimizar la creación de cursos y materiales de estudio.**

Ejemplo de prompts utilizados:

"Crea un plan de estudios para un curso de diseño y construcción de desembarcaderos pesqueros artesanales, con 8 módulos y materiales recomendados."

"Genera preguntas tipo examen sobre cimentaciones profundas con respuestas detalladas."

Resultado:

Estructuración rápida de cursos y manuales técnicos, facilitando la expansión de ERCO Academy.

Impacto: Escalabilidad en la educación técnica y optimización de contenido formativo.

9.7 Exploración de Nuevos Modelos de Negocio con IA

Gracias a la integración de IA en ERCO, surgieron **nuevas oportunidades de negocio** que antes no estaban en nuestro plan.

Ejemplos de nuevos modelos de negocio:

- ✓ Venta de ebooks y manuales técnicos automatizados.
- ✓ Asesoría en IA aplicada a la ingeniería y construcción.
- ✓ Cursos especializados en Prompt Engineering para ingenieros.

Impacto: Diversificación de ingresos y expansión de la empresa hacia el sector digital.

9.8 Práctica: Diseña un Plan de Implementación de IA en tu Empresa

Ejercicio:

- • **Identifica un área de tu empresa que pueda beneficiarse con IA.**

- Crea un prompt optimizado para automatizar una tarea en esa área.

- Prueba el prompt y ajusta los resultados para mejorar su eficiencia.

Ejemplo de aplicación:

Si tienes una empresa de arquitectura, puedes usar IA para generar informes de viabilidad de proyectos.

Consejo: Empieza con pequeñas automatizaciones y expándelas progresivamente.

Conclusión del Capítulo

- ✓ Aplicamos IA en **contenido técnico, gestión de proyectos, calidad, seguridad y atención al cliente**.

- ✓ Demostramos cómo la IA puede **mejorar la productividad y reducir costos** en ERCO.

- ✓ Exploramos nuevas oportunidades de negocio gracias a la automatización.

Aplicamos un **ejercicio práctico para implementar IA en cualquier empresa.**

Este capítulo muestra que IA y Prompt Engineering no son solo herramientas, sino una ventaja competitiva real en la industria de la construcción.

¡Has completado la guía de Prompt Engineering!

Plantilla: Estructura de un Buen Prompt

Esta plantilla te ayudará a estructurar y optimizar tus prompts para obtener mejores respuestas de la IA. Sigue cada sección para definir un prompt claro, preciso y bien formulado.

1. Objetivo del Prompt

¿Qué deseas lograr con este prompt? Explica de manera breve el propósito de la consulta.

Ejemplo: Quiero que la IA genere una descripción detallada sobre los beneficios de la energía solar en hogares.

2. Formato y Tono de la Respuesta

Define el tipo de respuesta que necesitas.

Formato: (Párrafo, lista de puntos, tabla, código, historia, etc.)

Tono: (Formal, amigable, técnico, motivador, humorístico, etc.)

3. Contexto y Restricciones

Agrega detalles adicionales que ayuden a la IA a generar una mejor respuesta.

Ejemplo: Explica la historia de la Segunda Guerra Mundial en máximo 300 palabras, sin usar términos muy técnicos.

4. Ejemplo de Prompt

Escribe el prompt final optimizado.

Ejemplo: 'Explica en términos sencillos qué es la energía solar y cómo funciona en los hogares. Hazlo en un párrafo de 150 palabras y con ejemplos prácticos.'

5. Revisión y Mejora

Evalúa la respuesta obtenida de la IA y ajusta el prompt si es necesario.

¿La respuesta fue clara y útil? ¿Faltó información? ¿Cómo podrías mejorar el prompt?

6. Ejemplos de Prompts en Diferentes Ámbitos

Aquí tienes cinco ejemplos de prompts aplicando la estructura indicada en esta plantilla en distintos sectores.

Ejemplo 1: Ingeniería y Construcción

Objetivo: Generar un informe técnico sobre el impacto de la cimentación en suelos arenosos.

Formato: Documento técnico en 500 palabras.

Tono: Formal y técnico.

Contexto: Basado en normativa internacional y ejemplos de proyectos reales.

Prompt final: 'Genera un informe técnico de 500 palabras sobre cómo la cimentación en suelos arenosos afecta la estabilidad estructural. Incluye referencias a normativas internacionales y ejemplos de proyectos exitosos.'

Ejemplo 2: Marketing Digital

Objetivo: Crear una publicación en redes sociales para promocionar un curso online de IA.

Formato: Publicación para LinkedIn con 200 palabras.

Tono: Motivador y persuasivo.

Contexto: Dirigido a emprendedores y profesionales del marketing.

Prompt final: 'Escribe una publicación para LinkedIn de 200 palabras sobre un curso online de inteligencia artificial. Explica los beneficios de aprender IA para negocios y cómo puede transformar la productividad.'

Ejemplo 3: Educación y Capacitación

Objetivo: Generar preguntas tipo examen sobre gestión de proyectos.

Formato: Cuestionario de opción múltiple con 10 preguntas.

Tono: Educativo y claro.

Contexto: Preguntas basadas en el estándar del PMBOK.

Prompt final: 'Crea un cuestionario de 10 preguntas de opción múltiple sobre gestión de proyectos, siguiendo el estándar PMBOK. Incluye cuatro opciones por pregunta y resalta la respuesta correcta.'

Ejemplo 4: Finanzas e Inversiones

Objetivo: Generar un análisis comparativo entre inversión en criptomonedas y bienes raíces.

Formato: Tabla comparativa con ventajas y desventajas.

Tono: Informativo y analítico.

Contexto: Basado en datos recientes del mercado.

Prompt final: 'Genera una tabla comparativa sobre inversión en criptomonedas vs. bienes raíces. Incluye ventajas, desventajas, nivel de riesgo y retorno esperado.'

Ejemplo 5: Salud y Bienestar

Objetivo: Crear una guía para mejorar la productividad con hábitos saludables.

Formato: Lista de consejos con 7 puntos.

Tono: Amigable y motivador.

Contexto: Basado en estudios de bienestar y productividad laboral.

Prompt final: 'Crea una lista de 7 hábitos saludables que mejoran la productividad diaria. Explica brevemente cada hábito con ejemplos prácticos.'

Plantilla: Optimización de Prompts con Iteraciones

Esta plantilla te ayudará a evaluar y mejorar la calidad de tus prompts utilizando iteraciones. Sigue cada sección para identificar problemas en las respuestas generadas por la IA y ajustar el prompt para obtener mejores resultados.

1. Prompt Inicial

Escribe el prompt original que utilizaste y la respuesta que generó la IA.

Ejemplo de Prompt: 'Explica en términos sencillos qué es la inteligencia artificial.'

2. Evaluación de la Respuesta Generada

Analiza la calidad de la respuesta según los siguientes criterios:

- ✓ Relevancia: ¿La respuesta está alineada con lo solicitado?
- ✓ Claridad: ¿Es comprensible y estructurada?
- ✓ Profundidad: ¿Ofrece detalles y explicaciones suficientes?
- ✓ Precisión: ¿La información es correcta y basada en hechos?

3. Identificación de Problemas

¿Qué problemas detectaste en la respuesta generada?

Ejemplo: La respuesta es demasiado técnica y difícil de entender para principiantes.

4. Ajuste del Prompt

Modifica el prompt para mejorar la calidad de la respuesta.

Ejemplo de Prompt Ajustado: 'Explica en términos sencillos qué es la inteligencia artificial, usando un ejemplo práctico y sin tecnicismos.'

5. Nueva Evaluación de la Respuesta

Repite el proceso de evaluación con la nueva respuesta generada. ¿Mejoró la calidad?

6. Iteraciones Adicionales

Si la respuesta aún no es óptima, realiza nuevos ajustes en el prompt hasta obtener el resultado esperado.

7. Ejemplo de Optimización con Iteraciones

Aquí tienes cinco casos prácticos de iteraciones en Prompt Engineering aplicados en distintas áreas.

Ejemplo 1: Ingeniería y Construcción

Prompt Inicial: 'Describe el proceso de cimentación en suelos arcillosos.'

Problema Detectado: Respuesta muy técnica y sin ejemplos prácticos.

Prompt Ajustado: 'Explica el proceso de cimentación en suelos arcillosos en términos sencillos, con un ejemplo de aplicación en la construcción de edificios.'

Iteración Final: 'Explica el proceso de cimentación en suelos arcillosos de forma clara y estructurada, considerando sus ventajas y desventajas en proyectos de construcción de viviendas.'

Ejemplo 2: Marketing Digital

Prompt Inicial: 'Escribe un anuncio para un curso de inteligencia artificial.'

Problema Detectado: Respuesta genérica sin enfoque claro.

Prompt Ajustado: 'Crea un anuncio de 50 palabras para promocionar un curso de inteligencia artificial, destacando cómo puede ayudar a los profesionales del marketing a mejorar su estrategia digital.'

Iteración Final: 'Crea un anuncio atractivo y persuasivo de 50 palabras para un curso de IA en marketing digital, usando un llamado a la acción para incentivar inscripciones.'

Ejemplo 3: Finanzas e Inversiones

Prompt Inicial: 'Explica las ventajas de invertir en criptomonedas.'

Problema Detectado: Respuesta parcial sin mencionar riesgos.

Prompt Ajustado: 'Explica las ventajas y desventajas de invertir en criptomonedas, incluyendo factores de riesgo y estrategias para mitigar pérdidas.'

Iteración Final: 'Explica en 300 palabras las ventajas y riesgos de invertir en criptomonedas, dando ejemplos de estrategias para minimizar pérdidas en mercados volátiles.'

Ejemplo 4: Salud y Bienestar

Prompt Inicial: 'Dime cómo mejorar la calidad del sueño.'

Problema Detectado: Respuesta superficial sin estructura clara.

Prompt Ajustado: 'Genera una lista de 7 consejos para mejorar la calidad del sueño, explicando brevemente cada punto con ejemplos prácticos.'

Iteración Final: 'Crea una guía práctica con 7 estrategias para mejorar el sueño, explicando la importancia de cada una y cómo implementarlas fácilmente.'

Ejemplo 5: Educación y Aprendizaje

Prompt Inicial: 'Explica qué es la Revolución Francesa.'

Problema Detectado: Respuesta muy general y sin contexto.

Prompt Ajustado: 'Explica la Revolución Francesa en 300 palabras, destacando sus causas y consecuencias.'

Iteración Final: 'Explica la Revolución Francesa en 300 palabras, incluyendo sus causas, principales acontecimientos y consecuencias en la política mundial.'